文　　字：陈和伟
插　　图：高　晗　王　卿
装帧设计：王娇龙

画给孩子的中国人物简史

从上古到春秋战国

小含章 编著　　介于 绘

江苏凤凰科学技术出版社 · 南京

图书在版编目（CIP）数据

画给孩子的中国人物简史. 从上古到春秋战国 / 小含章编著 ; 介于绘. -- 南京 : 江苏凤凰科学技术出版社, 2025. 7. -- ISBN 978-7-5713-4762-8

Ⅰ. K82-49

中国国家版本馆CIP数据核字第20246TJ813号

画给孩子的中国人物简史　从上古到春秋战国

编　　著	小含章
绘　　者	介　于
责任编辑	祝　萍
责任设计	蒋佳佳
责任校对	仲　敏
责任监制	方　晨
出版发行	江苏凤凰科学技术出版社
出版社地址	南京市湖南路 1 号 A 楼，邮编：210009
编读邮箱	fhhzbook@163.com
出版社网址	http://www.pspress.cn
印　　刷	北京博海升彩色印刷有限公司
开　　本	889 mm × 1 194 mm　1/16
印　　张	5.5
插　　页	4
字　　数	120 000
版　　次	2025 年 7 月第 1 版
印　　次	2025 年 7 月第 1 次印刷
标准书号	ISBN 978-7-5713-4762-8
定　　价	68.00 元（精）

图书如有印装质量问题，可随时向我社印务部调换。联系电话：（010）64825211。

目录

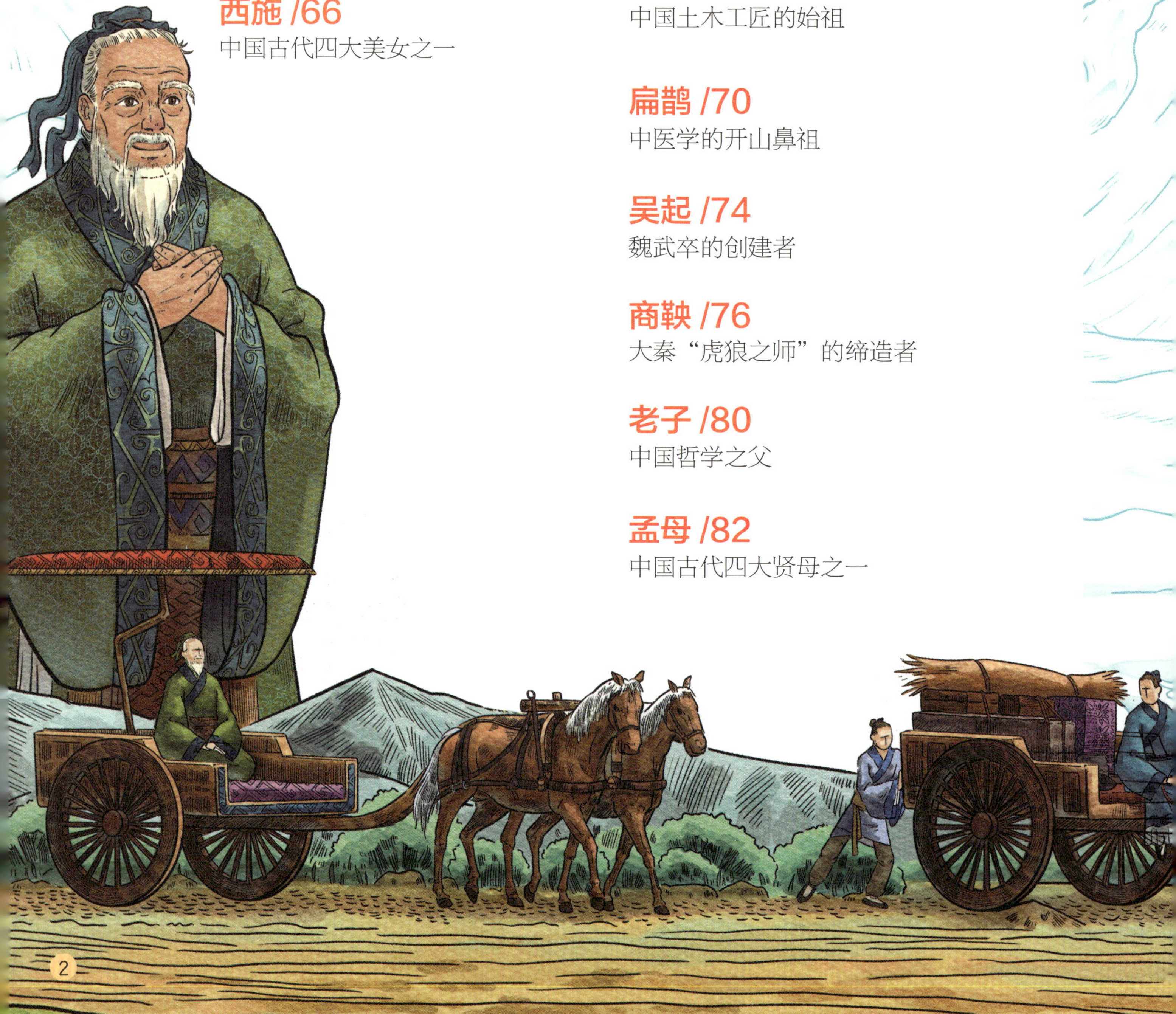

本书介绍的中国人物分类

首领君王

女娲 / 伏羲 / 神农（又称炎帝） / 黄帝 / 尧 / 舜 / 禹 / 桀 / 汤 / 帝辛（纣王） / 姬发（周武王） / 周幽王 / 齐桓公 / 晋文公 / 秦穆公 / 楚庄王 / 宋襄公 / 勾践

治世名臣

伊尹 / 姜子牙 / 周公 / 晏子 / 商鞅

名将传奇

祝聃 / 孙武 / 吴起

科学巨匠

鲁班

先贤圣哲

孔子 / 老子

巾帼红颜

西施

济世名医

扁鹊

一代楷模

伯夷 / 叔齐 / 孟母

三皇五帝

三皇五帝是“三皇”与“五帝”的合称，这一时期常被作为中国历史的开端。不过，三皇五帝到底指谁，史料中的说法不一。《春秋运斗枢》中列女娲、伏羲、神农为三皇；《尚书大传》中列伏羲、神农、燧（suì）人为三皇；还有人列天皇、地皇、人皇为三皇。《吕氏春秋》中列太昊、炎帝、黄帝、少昊、颛（zhuān）顼（xū）为五帝；《史记》中列黄帝、颛顼、帝喾（kù）、尧、舜为五帝……目前，多数史学家认为，三皇五帝均是原始社会杰出的部落首领。

注：由于“三皇五帝”的说法不一，本节内容我们只介绍了其中6人：女娲、伏羲、神农（又称炎帝）、黄帝、尧和舜（详见下文）。

女娲

又称娲皇、女阴，是中国神话传说中的创世神之一，也是华夏民族的人文始祖之一，有“大地之母”“人类之母”的美誉。

关于女娲的神话传说有很多，如女娲造人、女娲补天等。

女娲造人说的是：盘古开天辟地后，世界上虽然有了万物，但是并没有人。女娲感到十分孤独，于是用黏土捏出许多小泥人，并给小泥人注入“仙气”，使其“活”了过来。从此，大地上便有了人。

女娲补天说的是：有一年，火神祝融和水神共工打架，共工把撑天的柱子不周山撞倒了，导致天塌了半边，出现一个大窟窿。天破后，不断有陨石从天窟窿落下，给人类造成了重大灾难。女娲不忍心看着人类受苦，于是斩鳌足以立四极，熔彩石以补苍天……最终成功平息了灾难，使人类重新过上了安居乐业的生活。

不周山

中国神话传说中的山名，最早见于《山海经·大荒西经》。传说不周山是人界到达天界的唯一路径，那里有两头黄色野兽守护着它。

伏羲

中国神话传说中的创世神之一、华夏民族的人文始祖之一。

相传伏羲人首蛇身，与女娲是兄妹。他不仅根据天地万物的变化创制了占卜八卦，还发明了渔网，教会了人们用渔网捕鱼。

伏羲受蜘蛛结网的启发，发明了渔网。

伏羲的出生十分神奇。他的母亲华胥（xū）氏到雷泽游玩，看到地上有个大脚印，便好奇地踩了一下，不料有了身孕，怀胎 12 年才生下一个人首蛇身的男孩，这个男孩便是伏羲。

为什么神话传说中的很多大神都是人首蛇身？

原因与远古时期人们对蛇的崇拜有关。因为蛇具有很强的生命力和繁殖能力，所以那时的很多部落都以蛇形象作为部落的徽号，以期部落繁荣昌盛。所以那时有杰出贡献的人，不管是其身世还是形象，都常常被塑造得与蛇有关。

神农

传说神农是姜姓部落的首领，由于懂得用火，又称炎帝。他尝“百草”，教会了人们用草药治病；发现种子发芽、开花、结果现象，教会了人们种植粮食；他还带领族人制造出各种各样的陶器和炊具。后来，他和黄帝部落结盟，共同击败了好战的蚩尤部落。

神农尝百草

远古时代，生病是一件非常可怕的事。因为那个时候，人类既没有药，也没有先进的医疗设备，只能饱受病痛的折磨。神农见此，决心帮助人类解决这一难题。

他认定大地上存在能治疗疾病的药，于是带领若干随从告别家园，踏上“尝百草”的寻药之路。

在寻药的过程中，神农遇到很多困难。比如，悬崖峭壁。因为很多珍贵草药都长在悬崖峭壁上，为了爬上峭壁、摘到草药，神农发明了攀爬架。据说现在人们盖楼房时所搭建的脚手架，就是效仿了当年神农的方法。

神农走遍大江南北，品尝了上万种植物。每尝一种，他都会用龟甲兽骨记载该植物的形状、味道和功用。每放满一筐龟甲兽骨和草药，他都会遣走一个随从回部落，直到身边无人可遣，只剩下他一人。

一天，神农的筐子也放满了龟甲兽骨和草药。就在他打算回部落时，一株长在石缝里的“草”吸引了他的目光。

神农像往常一样，将此草放入口中品尝。怎料，还未下咽，忽然他觉得天旋地转、浑身无力。他知道自己中毒了，急忙解下背筐，从筐里找事先备好的解毒药——茶。然而，还未等他找到茶，他就永远地倒下了。

传说神农因误食断肠草而死，为此，很多后人都想知道断肠草究竟长什么样子。其实，断肠草是多种剧毒植物的别称。

神农死后，他曾经攀爬采药的地方长出一片林海。后来，人们为了纪念神农尝百草造福人类的功绩，把这片林海取名为“神农架”。直至今天，它已成为中国著名的旅游景区。

你知道吗？神农尝百草时还发现了万物相生相克的规律，即“凡中诸毒，百步之内必有解药”。

神农教耕种

种植粮食，是人类获取食物的方式之一。然而在远古时代，人类并不懂得种粮，他们主要靠抓鱼、打猎、采摘野果来维持生存。这种生活很不稳定，尤其是在冬天（冬天时，果树不结果子，许多动物也会藏起来）。于是，人们常常过着“吃了上顿没下顿”的生活。

传说，神农在尝百草的过程中，不仅发现诸多能治疗疾病的草药，还从诸多植物中筛选出能够充饥的“五谷”；发现把种子埋进土里，种子会发芽、开花、结果。他把他的发现告诉族人，并教会了族人种植五谷。从此，人类有了稳定的食物来源。

五谷，就是五种谷物吗？

五谷，从字面上理解，即为五种谷物。不过，它不仅仅有五种。对于五谷的分类，南北方也不同。南方多指稻、黍、稷、麦、菽（豆）；北方多指麻、黍、稷、麦、菽。除此之外，还有人将桑、粟归于五谷范畴。

黄帝

华夏民族的人文始祖之一。汉代史学家司马迁将其列为五帝之首。

在传说中，黄帝刚出生不久就会说话了，十二三岁时就已具备成年人的智慧。后来，他当上有熊氏部落的首领，把部落打理得井井有条。

黄帝担任有熊氏部落首领期间，统一了原始众部落，发明了车船、衣冠，教会了人们打井取水、熔炼金属等。由于他和炎帝都对华夏民族做出过巨大贡献，因此海内外的华人都自称“炎黄子孙”。

炎黄二帝塑像

该塑像位于河南省郑州市黄河南岸的向阳山（始祖山）上。其中，左侧为黄帝塑像，右侧为炎帝塑像。

涿（zhuō）鹿大战

涿鹿大战是黄帝部落联合各地部落同蚩尤部落进行的一场大规模的战争，距今约 4700 年。战争的目的，主要是为了争夺适宜牧耕的中原地带。

在传说中，这场战争简直是神魔大战。因为战斗过程中，双方不仅派出所谓的“神兽”助战，还请来了各路神仙帮忙。4700 年前有过这样的战争吗？答案是否定的。

真实的涿鹿之战也许是这样的：双方族人大部分持着石制或木制武器在一块混战；所派出的神兽乃是一些被驯化的狼、熊、野猪、野牛等动物（炎黄时期，人类已学会驯兽并且饲养了起来）；至于各路神仙来帮忙，也许是交战当天正好出现大风、大雾罢了（古人由于对自然现象认识不足，什么恶劣天气都喜欢与神仙联系起来）。

仓颉（jié）造字

据说，黄帝时期有一个叫仓颉的人把看到的人和物画成图像与人交流，如把太阳画成，把月亮画成，把山脉画成，把河流画成等。这种文字被称为“象形文字”。

指南车

相传，黄帝同蚩尤交战时，为了让士兵辨清方向，发明了指南车。车上立着一个小人，不论车子转向哪里，小人的手总会指向南方。

嫘（léi）祖

嫘祖是黄帝的妻子。传说她教会了人们种桑、养蚕、织丝成衣。

尧

黄帝死后，部落联盟首领的位置又传了很多代，后传到一个叫尧的人身上。

尧是一位非常仁慈宽厚的首领。他常常因为族人挨饿、没衣服穿、犯错而责备自己。

禅让

尧上了年纪后，无力再管理部落联盟的事情。他把首领的位置让给了贤能的舜。历史上称这项伟大的举措为“禅让”。

尧曾在家门口设置一个大鼓，对族人说：“今后我若哪里做得不对，大家可以击鼓提醒我。我了解情况后，会立即改正。”因为尧的仁慈宽厚，后人都称他为“尧圣人”。

制定节气法和历法

人类学会种植庄稼之初，收成并不好，有时甚至颗粒无收。究其原因，除天灾外，还和播种的时间有关。

为了解决何时播种的难题，尧派人观察日月星辰的变化，制定了节气法和历法。他把一年分为春、夏、秋、冬四个季节，每个季节又划为六个节气，共二十四个节气。百姓根据二十四节气安排农业生产，庄稼不仅能长出来，而且收成比以前好多了。

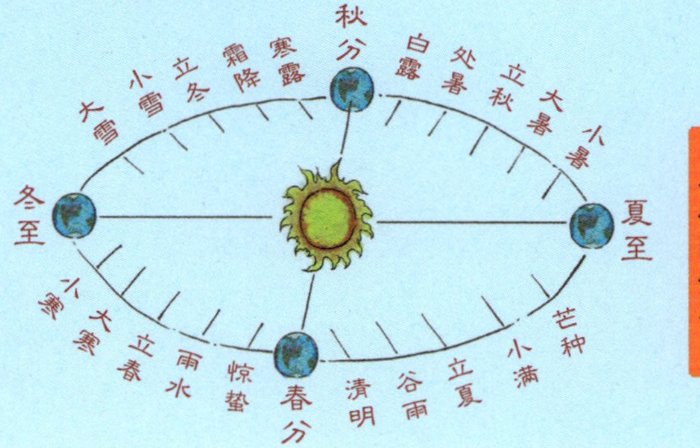

舜

舜，本名重华，是中华道德文化的鼻祖。汉代史学家司马迁曾赞其曰：“天下明德皆自虞帝始。”

据史料记载，舜年轻时，他的家人——父亲、继母及同父异母的弟弟对他非常不好，甚至多次想害死他。但舜始终对父母尊敬，对弟弟友善。后来，他这种以德报怨的态度不仅感化了家人，还感动了尧。尧把两个女儿——娥皇和女英许配给舜，并把部落联盟首领的位置禅让给他，很大程度上是因为舜的善良。而在后人编撰的《二十四孝》中，第一孝就是舜的故事。

舜在位期间，设立很多部门，并任命部落中有威望、有责任心的人去掌管。他们中，有管土地的，有管水利的，有管刑法的……因为舜的种种举措，部落联盟人民的生产、生活变得更加有序、和谐。

斑竹的传说

斑竹（如图所示），因其枝干上有褐色斑点而得名。植物学家认为，斑竹身上的斑点是由一种真菌腐蚀造成的。而在传说中，它的形成与舜的妃子——娥皇和女英有关。

舜的妃子——娥皇和女英

相传舜在位时期，湖南九嶷（yí）山上有九条恶龙，它们经常到湘江戏水玩乐，以致洪水泛滥，庄稼、房屋被冲毁，百姓苦不堪言。舜得知恶龙祸害百姓的消息后，率领若干勇士去南方惩治恶龙。这一去，就是好几年。后来，娥皇和女英担心舜的安危，去南方寻找舜。她们跋山涉水、费尽心力地来到九嶷山，却得知舜已死的噩耗，顿时抱头痛哭起来。她们的泪水把身边的竹子染得泪迹斑斑，“泪竹”（斑竹的别称）由此形成。

禹

夏朝的开国君王

禹，又称大禹，是鲧的儿子、黄帝的玄孙，也是夏朝的开国君王。他最卓著的功绩就是成功治理了滔天洪水。

大禹治水

尧舜时期，天下洪水泛滥，百姓愁苦不堪。尧派鲧（gǔn）去治理洪水，可是鲧只知道筑坝挡水，治理了几年，洪水仍然没有消退。舜即位后，因为鲧治水不力，决定改任鲧的儿子禹为治水长官，前去治水。禹从父亲治水的失败中汲取教训，改“堵”为“疏”（开凿河道，疏通江水，使其汇入大海），最终成功驯服了洪水。

三过家门而不入

传说禹在治水期间，因为忙碌等原因曾三次路过家门而没有进家看望家人。他的这种献身精神和强烈的责任心成为美谈，至今仍被人们传颂。

禹治水遗迹——龙门

龙门位于陕西省韩城市黄河峡谷出口处（另有说法在河南省洛阳市龙门石窟不远处）。传说远古时期，这里的山是连在一起的。后来禹治水，凿开了山，使得黄河水灾得以舒缓。此山又因鲤鱼跃山化为龙的传说，被命名为龙门山，峡谷出口被称为龙门。

划分九州

在治水的过程中，禹走遍天下，对各地的地形、习俗、物产等都有了透彻的了解。他将天下划分为九个州：冀州、兖（yǎn）州、青州、徐州、扬州、荆州、豫州、梁州、雍州，以便管理。后来，“九州”便成为古代中国的代称。

你知道吗？鼎在古代是一种炊具。古人常用其储存粮食、肉或做饭。禹划九州、铸九鼎后，它便成为权力和地位的象征。

夏朝的建立

由于禹治水有功、深得民心，舜便效仿尧，把首领之位禅让给了禹。约公元前 2070 年，禹建立了夏朝，定都阳城。夏朝是中国历史上第一个王朝。

桀　自比太阳的君王

桀（jié），是夏朝的最后一位君王。据说他长得高大英俊，孔武有力，徒手能把鹿角折断，敢和猛兽搏斗。如此出色的人，本可以造福苍生，成为一个受万民敬仰的君王，但他却把才华用在了暴虐、享乐上。

桀有个宠妃叫妺（mò）喜。她有个嗜好——喜欢听布帛撕裂时发出的声音。桀为了让她开心，令宫女在她身旁日夜不停地撕布帛。当时制作一匹上好的布帛十分不易，布帛的价格也很贵，如此白白地撕掉，简直是暴殄（tiǎn）天物。

有个大臣见桀如此暴虐无道，进谏说：“天子爱护百姓，亲近贤才，人民才能安居乐业，天下才能长治久安。如今大王只顾享乐，百姓已经离你而去，若再不改正，国家离灭亡就不远了。”桀听后，火冒三丈，不仅处死了该大臣，还傲慢地说：“我的统治就像天上的太阳，太阳会灭亡吗？”后来，这句话传到了民间，百姓纷纷指着天上的太阳咒骂道：“桀，你这个太阳什么时候灭亡啊？我愿与你玉石俱焚！”成语“时日曷（hé）丧”由此而来，表示誓不与其共存，形容痛恨到了极点。

汤与伊尹

汤，是商部落的首领、契的第十四代子孙，也是商朝的开国君王。

伊尹（yǐn），是商朝的开国元勋，杰出的政治家、军事家、思想家，也是中国食文化的鼻祖，有“烹（pēng）饪（rèn）之圣”“厨圣”的美誉。

相传，伊尹出身卑微，父母均是有莘（shēn）氏部落的平民。他自幼聪明颖慧，勤学上进，长大后虽以农耕为生，但心忧天下，志向高远，喜欢研究古代圣贤君王的施政之道。

桀暴虐无道时，伊尹觉察到夏朝气数已尽，遂劝贤德的有莘氏首领高举义旗，起兵灭夏。但与有莘氏首领接触后发现，他是禹的后代，与夏王室同出一族，难以起兵，且有莘氏部落弱小，不足以灭掉夏朝。不得已，伊尹放弃了这一想法。

后来，商部落的首领——汤，为拓展本部对外关系，来到有莘氏部落，与有莘氏首领商谈联姻之事。言谈举止中，伊尹觉得汤是一个干大事的人，且商部落较强大，有灭掉夏朝的潜力，便萌生了投奔之意。他借汤与有莘氏联姻的机会，自愿做陪嫁奴隶，一同前往了商部落。

来到商部落后，伊尹凭借一手出色的烹饪技术当上了汤的厨师。他想和汤讨论治国方略，但没有机会接触汤。于是，伊尹想出一个能让汤主动找自己谈话的办法——在汤的饭菜中加入大量的盐。

汤吃到咸苦的饭菜，果然派人传唤伊尹。

伊尹见到汤，滔滔不绝地向其分析天下大势。汤意识到伊尹非同常人，免除了他的奴隶身份。

后来，汤提拔伊尹为宰相，让他辅佐自己打理部落。伊尹发展农耕、铸造兵器、训练军队……很快使商部落比以前更强大了！而商部落的逐渐强大，也引起了桀的注意。桀害怕汤的势力威胁到自己，于是将汤骗到夏都，软禁了起来。这一消息传到商部落，群臣皆慌，幸好有伊尹主持大局，才稳住了局面。

伊尹很了解桀，知道他是个酒色之徒，并且身边小人环绕，于是搜罗了一些奇珍异宝和美女献给桀，同时买通了桀身边的亲信替汤说话。没过多久，桀就把汤释放了！

汤回到商部落后，既庆幸又恼怒。他觉得桀如此昏庸，根本不配治理天下，于是萌生了起兵灭夏、取而代之的想法。

有一年，伊尹建议汤停止向桀朝贡，试探下桀的反应。汤同意了！结果，桀大怒，下令九夷的部落出兵讨伐商部落。伊尹见此，对汤说：“现在桀能调动九夷的军队，不是我们起义的时候。不如先假意向桀赔罪，并恢复朝贡，静待起义时机。”汤同意了！

过了几年，伊尹又建议汤，停止向桀朝贡。这时，九夷的部落因不满桀的暴虐，已经纷纷叛离夏朝、不听桀的调遣了。伊尹见此，对汤说：“我们讨伐桀的时机到了！”于是，汤把将士们召集起来，举行发兵讨夏的誓师大会。士兵和百姓早就想推翻桀的统治了，如今见贤德的汤带领大家起义，个个斗志昂扬。

大约在公元前 1600 年，汤联合各路人马进攻夏都。面对汤的突然进攻，桀毫无准备，只调集了部分兵力仓促应战，结果很快败下阵来。桀见大势已去，趁乱逃到了南巢（今安徽省巢湖市），不久死在了那里。夏朝至此灭亡。

汤王求雨

夏朝灭亡后，汤在百姓的拥护下即位称王，建立了商朝。

相传汤在位期间，有一年大旱，庄稼枯死，河湖干裂。百姓饿得受不了，以树皮、草根、泥土为食。汤见此，很痛心，问卜官：“天为什么不下雨？”卜官答：“因为人滥杀生灵，有罪！天神以大旱惩罚人类。”汤又问：“怎样才能让天下雨？”卜官又答：“须用活人来祭天，以求天神的原谅。”汤听后，皱了皱眉头说：“求雨，本是救万民于水火，如果还要为此事杀人，岂不是天大的罪过？”他不同意这种做法，但又想不出其他办法。最后，汤叹了口气说：“如果一定要有人牺牲，就用我的性命吧！”于是，汤命人把自己绑起来。然后，他像个罪人一样跪在祭坛上，祈求天下雨。不仅如此，他还立下誓言，若天不下雨，就烧死自己以祭天。

说也奇怪，汤跪在祭坛上没多久，天就乌云密布、电闪雷鸣，紧接着便下起了瓢泼大雨。百姓见到雨，高兴极了！他们认为是汤的诚意感动了天神，从此更加爱戴这位君王了。

雨是怎样形成的？

地球表面的水通过太阳的照射等方式受热升温而蒸发，变成水蒸气。水蒸气到达温度较低的高空后，会遇冷凝结成小水珠。无数的小水珠聚集在一起，就形成了云。当云中的小水珠不断增加、互相结合变成大水珠，空气托不住这些大水珠时，它们就会掉落到地面，也就形成了雨。

网开一面

汤的确是一位好君王，关于他贤德的故事还有一则：据说汤有一次外出，看见一个猎人正在张网捕捉鸟兽。猎人在林中东西南北四面都挂了网。待网挂好后，他跪在地上祷告说："愿天上飞的、地上跑的鸟兽都进入网中吧！"汤听到，很生气，指责他道："你这样做，是想将天下的生灵都赶尽杀绝吗？即便是夏朝的暴君桀，也未必有你这样残忍！"于是，汤命人把张挂的网撤掉三面，只留下一面（另有说法是撤掉一面，留下三面）。成语"网开一面"由此而来，比喻做事不要做绝，给人一条出路。

你知道吗？一些沿海渔民出海后，若捕捞到海龟，通常会将其放生。因为海龟与海归谐音，渔民们认为这是一个美好象征，能够平安归来。一些内陆渔民捕捞到小鱼，通常也会将其放生。因为小鱼还没有长大，大肆捕杀，来年收成会不好。也许这就是“网开一面”的魅力吧！

帝辛 商朝的最后一位君王

帝辛，别称纣王，是商朝的最后一位君王。他在位时，同夏朝的桀一样，荒淫无度，残暴无比。

据《史记》记载，帝辛从来不敬神。他在王宫里挖了一个大池子，池里灌满了酒，池边的架子上挂满了肉。帝辛与妃子、宠臣们常常在酒池里划船玩耍，渴了就跳进酒池里喝酒，饿了就从架子上拽下一块肉吃。成语“酒池肉林”由此而来。

如果诸侯对帝辛的做法有不满或者背叛他，他就以酷刑威慑。他还专门创制了一种残酷的刑具，名为“炮烙”（如图所示）。

帝辛的叔叔——比干，看不惯帝辛的暴虐，劝他行仁政，施恩于天下。没想到帝辛一怒之下，竟把比干的心挖了出来。其种种恶行不仅在统治集团内部引发强烈的矛盾，也在民间造成了极其恶劣的影响。

后来，周武王姬发起兵伐商，纣王不敌，自焚于鹿台，商朝至此灭亡。

炮烙：刑具名，又称炮格。《史记·殷本纪》载：“百姓怨望而诸侯有畔者，于是纣乃重刑辟，有炮格之法。”《列女传》释曰：“膏铜柱，下加之炭，令有罪者行焉，辄堕炭中，妲己笑，名曰炮格之刑。”有学者认为，炮烙之刑是将犯人先绑在铜柱上，然后对铜柱加热，使其红烫，致使犯人被烫死；也有学者认为，炮烙之刑是先将铜柱烧至红烫，然后强迫犯人在铜柱上行走，犯人受不了，就会跌落火坑中被烧死。

姜子牙 大器晚成的百家宗师

姜子牙，又名姜尚、吕尚、姜太公，是商末周初著名的军事家、政治家、韬略家，也是周朝的开国元勋。

相传，姜子牙 70 岁时还一事无成，闲居在家。后来，他听说周部落的首领——姬昌是位英明贤德的君主，正在招兵买马，打算推翻纣王的暴虐统治，便想投奔姬昌。可是，他又怕得不到姬昌的重视，自己的一身才华无法施展。于是，为了吸引姬昌的注意，他天天坐在渭水河边，用直鱼钩钓鱼，并且不放鱼饵。这种奇怪的钓鱼方式很快便在民间传开了！姬昌听说此事后，因为好奇，前来拜访他。

姬昌问姜子牙：“先生为何如此钓鱼？难道你不知道这样根本钓不上来鱼吗？”姜子牙笑笑说：“我想钓的，是自愿上钩的鱼。”姬昌领悟到这句话是在暗示四处求贤的自己，便和姜

子牙深入交谈起来。两人从古代圣贤谈到当下纣王，从如何兴邦治国谈到如何推翻纣王的暴虐统治，越谈越投机。姬昌见姜子牙如此大才，邀请他辅佐自己。姜子牙见姬昌确实是位心怀天下且英明贤德的君主，便答应了他的请求。

传说，姜子牙在出山前曾要求姬昌亲自拉着马车将自己带出山。姬昌答应了！可是，他只拉着姜子牙走了八百步便体力不支，累倒在地。姜子牙见此，叹了口气说：“文王（指姬昌）拉车八百步，周朝天下八百年。大王，非我故意为难您，而是天意如此啊！”结果，周朝果真延续了近八百年（公元前 1046—公元前 256 年）。

姬发　周朝的开国君王

姬昌把姜子牙请出山后，虽然在他的辅佐下壮大了周部落、灭掉了一些纣王的附属势力，但是并没有完成灭商大业。他在准备征讨纣王的时候，因病去世了。

姬昌死后，其子姬发继承了他的遗志，继续灭商大业。大约在公元前 1046 年，姬发率领部落联军讨伐纣王。纣王不敌，自焚于鹿台（今河南省鹤壁市淇县），商朝灭亡。

纣王死后，姬发建立了周王朝，定都镐（hào）京（今陕西省西安市）。姬发就是后世广为歌颂的周武王（其父姬昌被后世尊奉为周文王）。

分封诸侯

周朝建立后，周武王为了避免其他部落首领抢王位，也为了更好地管理国家，分封了许多诸侯。这些诸侯不仅可以拥有自己的都城，还可以拥有自己的臣子和军队，相当于国中之国。周武王的这项举措，为后世国家的分裂埋下了隐患。

井田制

商周时期盛行的一种土地制度。如图所示，“井”字形田，周围为私田，中间为公田。公田大家一起种，收获归封邑贵族所有。

箕（jī）子

纣王的叔父。传说武王伐纣后，他出奔到了朝鲜，后成为朝鲜的国君。

武王与臊（sào）子面

臊子面是中国陕西省的特色传统面食之一。臊子就是肉丁的意思。

传说武王伐纣时，在岐山遇到一只像龙的怪兽。众将士齐心协力，费了很大功夫才将其杀死。事后，为了鼓舞士气，武王决定让大家分食怪兽肉。可是，人太多，每人分一块肉，不够分。于是，武王命厨师将怪兽肉剁成肉丁、掺进面里，分给大家。岐山臊子面由此而来。

伯夷和叔齐 抱节守志的典范

伯夷、叔齐是商末孤竹部落的两位王子。其中，伯夷为哥哥，叔齐为弟弟。他们“兄弟让国”“不食周粟”的做法，是历代文臣武将诚信礼让、忠君爱国、抱节守志的典范。

兄弟让国

相传，孤竹君生前有意让叔齐继承部落首领之位，但由于突发疾病，他还未来得及宣告遗嘱，就去世了！

孤竹君死后，按照当时的礼制，长子伯夷应该继位。但伯夷却说：“应该遵从父亲生前的想法，让叔齐继承首领之位。”于是，他放弃首领之位，离开了孤竹部落。众臣见此，只好推举叔齐为首领。可是，叔齐听说哥哥礼让的事迹后，十分感动，对众臣说：“我若当了首领，于兄弟不义，于礼制不合。”说完，他也放弃首领之位，追随哥哥离开了孤竹部落。

不食周粟

商朝灭亡后，伯夷和叔齐不愿接受周王室的统治。他们认为归顺周朝是不忠、可耻的行为。为了彰显自己的气节，他们连周朝生产的粮食也不吃。两人隐居在首阳山上，以野菜、野果为食，最终因营养不良等原因饿死在了山里。

周公 塑造华夏文明的关键人物

周公，姓姬，名旦，是周文王姬昌的第四个儿子、周武王姬发的弟弟，也是西周杰出的政治家、军事家、思想家，孔子一生最崇敬的人。他曾先后辅佐周武王灭商、周成王治国，在巩固与发展周朝统治上起了关键作用。汉初思想家贾谊曾给予其高度评价："文王有大德而功未就，武王有大功而治未成，周公集大德大功大治于一身。孔子之前，黄帝之后，于中国有大关系者，周公一人而已。"

吐哺握发

周公辅佐成王治国期间，对天下贤才十分重视。若有贤才来拜访他，即便他正在洗头、吃饭，也会立即停下，握着未梳理的头发、吐出口中的食物去迎接。成语“吐哺握发”由此而来。

《周公解梦》是周公写的吗？

不是。它是后人借用周公之名创作的一种关于解梦的书籍。至于后人为什么把周公与梦联系起来，原因可能与孔子有关。孔子生前十分崇敬周公，经常梦见他，在学生面前提起他。由于孔子的一言一行都备受人们关注，久而久之，人们便把周公与梦联系了起来。

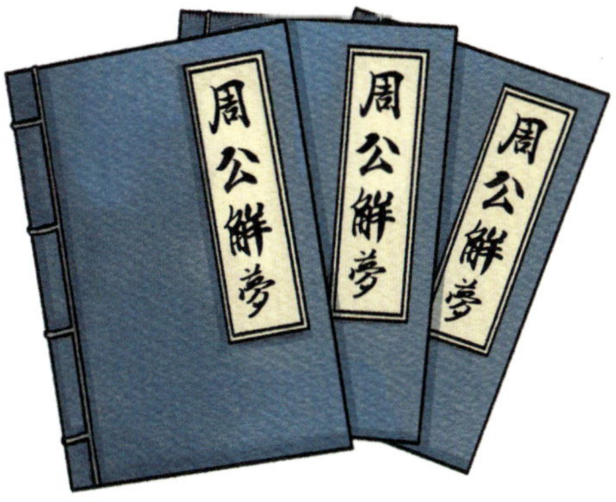

制礼作乐

周朝建立后，为了进一步巩固周王室政权，周公制定和推行了一套维护君臣宗法和上下等级的典章制度，俗称“周礼”（包含礼和乐）。

周礼的名目有很多，如吉礼、嘉礼、凶礼、宾礼、军礼等。吉礼是对祖先或神明祭祀时所用的礼仪；嘉礼是在婚嫁、店铺开张、生日宴会等喜事上所用的礼仪；凶礼是在丧葬时所用的礼仪；宾礼是上至王公贵族，下至黎民百姓，相互往来，处理日常社交关系的礼仪；军礼是军队日常操练、征伐、凯旋时所用的礼仪。这些礼仪制度规范了当时的社会秩序，提高了百姓的道德品质，对后世中国的影响非常大。中国之所以被称为“文明古国，礼仪之邦”，和绵延不断的周礼是分不开的。

周礼严格区分和限定了社会中每一个个体所处的地位，从国家制度和宗法层面对国民予以强制性约束，建立了等级森严的差异化社会。为了在这样的社会中保持人与人之间的和谐相处，统治者利用音乐，用精神和文化的感召力来作为沟通情感的基本方式，化解因为礼的等级化、秩序化引起的种种对立和矛盾。

周幽王和褒姒 烽火戏诸侯的主角

西周的最后一位君王——周幽王，有一年攻打褒（bāo）国时，获得一位美女，名叫褒姒（sì）。周幽王非常宠爱她。可是，褒姒因为家乡被周幽王侵略等原因，自入宫起就没笑过。周幽王为了逗她一笑，听从身边奸臣的建议，命人点燃烽火。诸侯们见到烽火，以为敌人来犯、天子有难，纷纷集结兵马，前去救驾。然而来到事发地后，没见到敌人，却见周幽王和褒姒、一些大臣在城楼上饮酒作乐。诸侯们一时间面面相觑（qù），不明所以。褒姒看到诸侯们被骗的样子，果然笑了起来。这样的闹剧发生了好几次。

后来，敌人真的来了。周幽王命人点燃烽火求救。可是，诸侯们以为周幽王又在借戏弄他们讨褒姒欢心，就没有理睬。结果，敌人攻破国都，周幽王被杀，西周随之灭亡了！

西周灭亡的其他原因

据史料记载，周幽王为了讨褒姒欢心，曾不顾众臣反对，废申后，改立褒姒为后；废太子姬宜臼（jiù），改立褒姒之子姬伯服为太子。这使得申国国君极为不满（申后是申国国君的女儿）。于是，申国国君联合犬戎（当时位于西北地区的一个以犬为图腾的部落），攻入镐京，把周幽王和姬伯服都杀了，并把周王室多年积累的财物洗劫一空，最后纵火撤去。

烽火台

又称烽燧，是古代用来报信、传递军情的高台，起初只是相对独立的军事建筑，后来才与城墙相连，成为长城结构的一部分。

敌人白天来袭，哨兵会在烽火台上生烟报信；夜晚来袭，会点火报信。也许你会问，为什么白天生烟、夜晚点火？这是因为白天明亮，火光不容易被看到，烟却十分显眼；夜晚正好相反，烟不容易被看到，火光却十分显眼。

祝聃 一箭射垮周天子权威的郑国大将

西周灭亡后，众诸侯拥立周幽王的儿子姬宜臼为王，这就是周平王。周平王为避犬戎之祸，把国都迁至洛邑（今河南洛阳），东周历史至此开始。此时，周天子的权威已大打折扣。而到了周桓王时期，一些国力雄厚的诸侯已不把周天子放在眼里了。

公元前 707 年，为了重树天子的权威，周桓王率军教训不听话的郑国，不料被郑庄公手下的一员大将——祝聃（dān），一箭射中肩膀，狼狈逃走，史称繻（xū）葛之战。此战过后，周天子的权威更加卑微，众诸侯纷纷脱离周天子的控制，竞相争霸。

据史料记载，祝聃射中周桓王的肩膀后，不满足，还想追杀周桓王，但被郑庄公阻止了。郑庄公认为，周天子的地位虽然今非昔比，但瘦死的骆驼比马大，不可过分冒犯，以免引来麻烦。为此，在战争结束当晚，郑庄公就派人慰问受伤的周桓王，以示与王室和好的诚意。

郑庄公战胜王师后，封赏诸将士，唯独不赏功劳最大的祝聃。祝聃问郑庄公为什么，郑庄公答："你射中了周天子，如果我封赏了你，世人将议论我。"祝聃愤恨，不久便病死了！

春秋五霸

春秋五霸，是指春秋时期（公元前 770—公元前 476 年）影响力比较大的五位诸侯国国君，他们分别是齐桓公、晋文公、秦穆公、楚庄王和宋襄公。不过，也有把齐桓公、晋文公、楚庄王、吴王阖（hé）闾（lǘ）和越王勾践列为五霸的，说法较多。本节内容主要讲述齐桓公、晋文公、秦穆公、楚庄王和宋襄公的事迹。

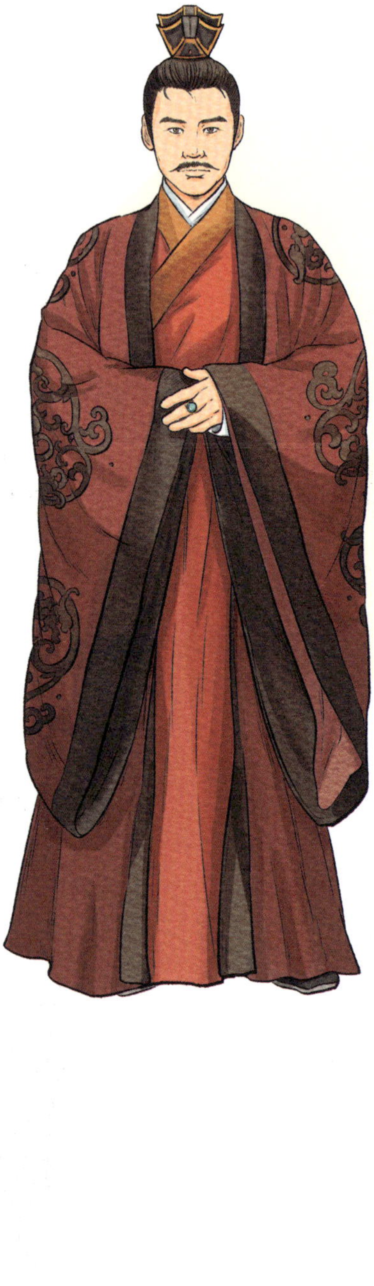

齐桓公

齐国国君，姓姜，名小白。在位期间，任用管仲为相，积极改革，富国强兵，后打出“尊王攘夷”（尊崇周王室的统治，抵御游牧民族的侵扰）的旗号，北击山戎，南伐楚国，灭掉谭、遂、鄣等小国，召开诸侯大会，成为春秋时期第一位霸主。

晋文公

晋国国君，姓姬，名重耳。在位期间，励精图治，强大晋国，联秦合齐，保宋制郑……在城濮（pú）之战中，晋文公以少胜多，大败楚军，成为春秋时期第二位霸主。

秦穆公

秦国国君，姓嬴（yíng），名任好。在位期间，积极促进秦晋两国的友好关系（成语“秦晋之好”便是出自此），同时向西发展，开疆拓土千里，称霸西戎。

楚庄王

楚国国君，姓芈（mǐ），氏熊，名旅。即位初，国内矛盾重重，在复杂的形势下，他采取以静观动、以感辨奸的对策，表现出沉溺于吃喝玩乐的昏君形象。三年后，他对楚国政局有所了解，重用伍举、苏从等忠臣，先是打败前来侵犯的庸国，后又打败晋国、宋国、萧国……成为一代霸主。成语“一鸣惊人”“问鼎中原”皆出自他。

宋襄公

宋国国君，姓子，名兹甫。在位期间，虽有称霸的野心，但无实力，宋国的国力也不强。他因在乱世中坚守仁义而获得一些诸侯国的支持，也因过于仁义导致宋国陷入困境。成语“宋襄之仁”中的“宋襄”，指的就是他。

齐桓公与管仲的故事

公元前686年，齐国发生内乱，国君齐襄公被暗杀了。齐襄公有两个兄弟，一个叫公子纠，一个叫公子小白。此时，他们分别在鲁国和莒国。两人听到哥哥被杀后，都抢着回去当国君。

公子小白所在的莒国距离齐国国都比较近。管仲（公子纠的老师）担心公子小白抢先回国、当上国君，于是带人埋伏在公子小白回国的路上，截杀公子小白。

管仲向公子小白射了一箭，公子小白从马车上摔落下来。管仲以为公子小白死了，高兴地回去复命。而公子纠听完管仲的汇报，也认为公子小白已死，没人跟他抢王位了，便不慌不忙地回国。可是他们回国后却发现，公子小白安然无恙，并且已经继承了王位。原来，当时的公子小白并没有中箭，他从马车上摔落下来装死，只是为了让管仲、公子纠放松警惕，自己好快马加鞭地回国即位。众人都被公子小白的睿智给骗了！

公子小白当上齐国国君（齐桓公）后，要捉拿管仲问罪。鲍叔牙（公子小白的老师）听说后，急忙面见齐桓公，要求他放过管仲，并且重用他。齐桓公听了，气愤地说：“管仲差点射死寡人，寡人不问罪他也就罢了，还要重用他，是何道理？”鲍叔牙说：“管仲之才，远在我之上。如果你想干一番大事业，必须用他。”齐桓公虽然心里不情愿，但看在老师的面子上还是任用了管仲。

管仲被任用后，大力整顿内政，开发铁矿资源，改进耕种技术，并利用海水煮盐……没过几年，齐国就强盛了起来。

齐国强盛后，管仲建议齐桓公“尊王攘夷”，锄强扶弱。齐桓公照做了！几年后，齐国的影响力在众诸侯国扩散开，管仲又建议齐桓公召开诸侯会盟。盟会上，受过齐桓公帮助的诸侯纷纷向齐桓公表达感激之情。就这样，齐桓公成为一代霸主。

重耳年轻时，曾在楚国避难。一天，楚成王问重耳："你若有一天当上晋国国君，该怎样报答我呢？"重耳开玩笑说："有朝一日我若当上晋国国君，定会和贵国交好。即便晋、楚两国发生战争，我也会命令晋军退避三舍（一舍为三十里）。如果这样还无法避免两国交战，我再与贵国切磋，点到为止。"楚成王听了，十分满意。

后来，重耳真的当上了晋国国君，他便是历史上有名的晋文公。晋国在晋文公的治理下日益强大。

公元前 633 年，楚国攻打宋国，宋国求救于晋国。由于晋文公曾受惠于楚国，不便与楚国正面交锋，于是以攻打楚国盟国的方法来解宋国之围。楚国得知晋国的做法后，很生气，出兵攻打晋军。晋文公为了履行当年的诺言，让晋军退避三舍，驻扎在城濮。楚军见晋军后退，以为晋军害怕了，贸然追击，结果被晋军打败。

秦晋之好——秦穆公

春秋时期，秦国和晋国是相邻的大国。晋国位于秦国的东边。秦穆公即位后，秦国西有戎族部落袭扰，东有强晋威胁。为了安心对付西戎，避免晋国背后偷袭，秦穆公定下“和亲”政策，派使者向当时的晋献公提亲。晋献公也怕秦国在晋国西境捣乱，爽快地答应秦国使者，把女儿伯姬（也称穆姬）许配给了秦穆公。这便是“秦晋之好”的开端。

后来，秦晋两国因为领土争端、灾荒等原因交恶。当时的晋国国君——晋惠公为了缓和两国的紧张关系，把公子圉（yǔ）送到秦国做人质。秦穆公为了拉拢公子圉，把女儿怀嬴许配给他。至此，两国重归于好。

秦晋之好：最初只是指秦国与晋国之间的政治联姻，现泛指两家联姻。

一鸣惊人——楚庄王

楚庄王即位后，三年不理朝政，还下令群臣不许劝谏，谁劝杀谁。一天，一个名叫伍举的大臣对楚庄王说：“楚国有只尊贵的鸟，它每天待在窝里，不飞也不叫，一待就是三年，您说这是什么鸟？”楚庄王知道伍举的这句话是在讽刺自己，笑笑说：“这只鸟不同寻常，三年不飞，是为了让翅膀长得硬一些；三年不叫，是为了看清周围的情形。它不飞则已，一飞冲天；不鸣则已，一鸣惊人。”

后来，楚庄王开始管理国家大事。他废除不合理的法令，制定了新法令；罢免不称职的大臣，任用有才能的人来管理国家。楚国迅速强大起来。

一鸣惊人：比喻平时没有突出表现的人，一下子做出惊人的成绩。

问鼎中原——楚庄王

公元前 606 年，楚庄王在周都洛邑郊外阅兵。周天子得知，很害怕，派大夫王孙满前去慰问。

席间，楚庄王询问王孙满象征王权的九鼎的重量（这表明楚庄王有觊觎天下的野心）。王孙满明白楚庄王的心思，说：“天下兴亡，在德不在鼎。”楚庄王听了，觉得推翻周王朝的时机不成熟，便率军离开了！

觊觎：读 jì yú，希望得到（不应该得到的东西）。

宋襄之仁——宋襄公

公元前 638 年，宋襄公领兵攻打郑国。郑国不敌，向楚国求救。楚国帮郑国，出兵攻打宋国国都（意在“围魏救赵”）。宋襄公得知这一消息，担心国都有失，放弃攻打郑国，回防国都。双方的军队在泓水相遇。

当时，宋军已在泓水岸边摆好阵势，而楚军正在渡泓水。由于楚军人多，宋军人少，两军正面交战，宋军根本不是楚军的对手。于是，宋襄公的军师——目夷，建议宋襄公立即对正在渡水的楚军发动攻击，以突袭弥补兵力上的劣势。宋襄公觉得这样做太不仁义了，便没有采纳目夷的建议。等到楚军全部过了河，目夷又建议宋襄公：“现在楚军还没有摆好阵势，我们这时打，也有获胜的希望！”可是，宋襄公还是觉得不妥。最后，楚军摆好了阵势，宋襄公下令开战。结果，楚军靠着兵力优势大败宋军，宋襄公也受了伤！宋国从此一蹶（jué）不振。

晏子 春秋时期齐国杰出的外交家

晏子，本名晏婴，是春秋后期齐国的三朝（齐灵公、齐庄公、齐景公）重臣，也是中国历史上优秀的外交家之一。他为人谦虚，生活简朴，身高虽然不足6尺，但是机敏过人，能言善辩，不仅多次巧妙地指出国君的不当言行，还在多个外交场合为自己解围、维护国家的尊严。司马迁在《史记》中给予其高度评价：“假令晏子而在，余虽为之执鞭，所忻（xīn）慕焉。”大意是：假如晏子现在还活着，我给他当马夫赶车，也心甘情愿。

公元前500年，晏子去世。当时正在郊外游玩的齐景公得知这一噩耗，立即赶回国都。途中，齐景公嫌马车跑得慢，跳下车奔跑，边跑边哭，完全不顾君王仪态。而百姓闻晏子死，家家披麻戴孝。甚至，连敌人闻此讯，都为其默哀，可见晏子在当时人们心目中的地位有多高。

注：先秦时期的1尺约为现在的23厘米。不足6尺，即不足1.4米。

访问的是狗国还是楚国？

有一年，晏子出使楚国。楚王得知晏子身材矮小，命人在城门旁开了个小洞，请晏子从小洞入城。晏子知道这是楚王有意要戏弄他，遂不卑不亢地对接待人员说：“这是狗洞，不是城门。如果我访问的是狗国，就从此洞进去；如果访问的是人国，就应该从城门进去。我在这儿等一会儿，烦劳你们去问个明白，楚国到底是个什么国家？”

接待晏子的人把晏子的原话传给楚王，楚王闻言哭笑不得，只好下令打开城门，迎接晏子入殿。

南橘北枳

晏子出使楚国，楚王找来一位因偷盗而入狱的囚犯，谎称此人是齐国人，刁难晏子道：“你们齐国人是不是都擅长偷东西呀？”晏子笑了笑答：“我听说淮南的柑橘又大又甜，可是这柑橘一种到淮北，就变成了又小又苦的枳（zhǐ）。为什么会这样呢？原因是水土不同。同样的道理，齐国人在齐国能安居乐业，怎么一到楚国就变成小偷了呢？难道楚国的水土能使安居乐业的百姓变成小偷？”楚王听了，感慨道：“和圣人开玩笑，真是自讨没趣啊！”

谏杀烛邹

齐景公在位时，喜欢捕鸟。每次捕到鸟，他都会将鸟交给一个叫烛邹的人照看。一天，烛邹不小心弄飞了几只鸟。齐景公得知这一消息，气坏了，要处死烛邹。晏子得知齐景公为了几只鸟要杀人，面见齐景公道：“大王，请允许我列举出烛邹的三条罪状，然后您再杀他。”齐景公答应了。随后，晏子来到烛邹面前说：“你犯

了三条死罪。其一，大王让你照看鸟，你不留心，让鸟飞走了；其二，你惹怒大王，让大王一时间成为昏君，为了几只鸟而杀人；其三，这个鸟事如果让他国国君知道，他们会认为我们大王只看重鸟而轻视百姓，从而看不起我们。所以，现在要处死你。”说完，晏子转身对齐景公说：“大王，他听明白了，您可以动手了！”齐景公听完晏子的一番话，明白他的用意，尴尬道：“算了，把他放了吧！”

就这样，晏子以讽喻代替直言，巧妙地劝止了齐景公愤怒下的愚蠢之举，保住了烛邹的性命。

孙武 东方兵学的鼻祖

孙武是春秋时期著名的军事家、谋略家，也是中国古代兵学集大成者，有“东方兵学的鼻祖”“兵圣”等美誉。

吴王阖闾即位后，孙武经吴国大夫伍子胥的引荐，以所著兵书获得阖闾的青睐（lài），后被阖闾任命为吴国大将军。

公元前 506 年，在柏举之战中，孙武指挥吴军攻入楚都，差点儿灭了楚国。此战也奠定了吴王阖闾霸主的地位。

孙武留给后人的《孙子兵法》，是他一生军事思想的智慧结晶，也是世界现存最早的军事著作，历代兵学家、军事家无不从中汲取智慧，用于指导战争实践和发展军事学术。

孙武训练女兵

公元前 512 年，吴王阖闾读完孙武写的兵书后，想考验下孙武的统兵能力，于是从宫中挑选出 100 多名宫女让孙武训练。

孙武将宫女分为左右两队，任命吴王最宠爱的两位妃子为左右队长，随后发号施令。可是，两位队长及宫女们都觉得军事训练好玩，追逐打闹，说说笑笑，就是不听孙武的号令。

孙武不惯着她们，当下就命令执法官将两位队长斩首示众。吴王见孙武动真格的，忙传话于孙武："寡人已知道先生的统兵能力，点到为止吧！"但孙武执意处死了两位队长。

事后，众宫女在孙武的号令下左转右转，进退回旋，跪爬滚起，全合乎规矩，队形十分齐整。而吴王，因为失去两位爱妃，心中闷闷不乐。孙武安慰吴王说："大王失去两名女子事小，可失去军纪，会祸国殃民啊！"吴王虽然很悲伤，但也认同孙武的话，最终对其委以重任。而孙武，也没有辜负吴王的期望，指挥吴军南征北战，奠定了吴王霸主的地位。

孔子 至圣先师

孔子，名丘，字仲尼，是春秋时期鲁国人，中国古代伟大的思想家、政治家、教育家，儒家学派创始人，也是世界上最著名的中国人之一（曾被评为“世界十大文化名人之首”），有“至圣先师”“万世师表”“天纵之圣”等美誉。

公元前 497 年，鲁定公沉溺于酒色，不理朝政，时任鲁国司寇（中国古代主管刑法的官名）的孔子见自己的治国方略（主张以“仁”和“礼”来治理国家）无法施展，于是离开鲁国，去其他国家寻找能重用自己、施展自己治国方略的君王。然而，由于当时战乱不休、各国国君都希望有强大的军事实力来保障自己的统治等原因，他的政治主张未能得到其他国君的认可。不得已，周游列国十多年的孔子又回到了鲁国。

再次回到鲁国的孔子，已有 68 岁的高龄。他没有再热衷于政治活动，而是专注于教育和文献整理工作。教育方面：据《史记》记载，孔子教过 3000 多名学生，其中有 72 人的德才最为出色，号称“七十二贤人”。这些人把孔子的思想发扬光大，后来发展成为完整的儒家学说。文献整理方面：他和弟子们根据史官的记载修订了一部史书——《春秋》，该书的名字后来成为人们对这一时期的称呼。

公元前 479 年，孔子逝世。他的学生将他生前的言行和思想整理成一部书，即《论语》。该书较为集中地体现了孔子及儒家学派的政治主张、伦理思想、道德观念、教育原则等，对后世影响深远，有“半部论语治天下”的美誉。

勾践 卧薪尝胆的越王

春秋末期，吴王夫差凭借着雄厚的国力，打败越国，俘虏了越王勾践并将其带到了吴国。为了羞辱勾践，夫差让他喂马、扫墓……做尽奴仆之事。勾践虽然感到很屈辱，但还是装出忠心、顺从的样子讨夫差欢心。甚至，夫差出门时，他为其鞍前马后；夫差生病时，他在床前细心照顾。几年后，夫差见勾践如此尽心尽力地伺候自己，觉得他对自己非常忠心，便允许他返回越国。

勾践回国后，脱下奴仆的伪装，恢复一国之君的姿态。为了复仇、告诫自己不要忘记在吴国当奴仆的耻辱，他每天睡在坚硬的木柴上，还在屋梁上悬挂一个苦胆，吃饭和睡觉前都要尝一下（成语“卧薪尝胆”由此而来）。为了富国，他颁布了许多利民政策，促进百姓生产。为了强兵，他经常监督并加强军队的训练。经过多年的艰苦奋斗，越国再度强大起来。

公元前 473 年，勾践率军攻破吴都，迫使夫差自尽，雪了前耻。而后，他挥师北上，与齐、晋等国争雄，成为春秋末期的一代霸主。

越王勾践剑

越王勾践剑出土于湖北省的一座楚墓，现收藏于湖北省博物馆。据说，这把剑刚出土时装在一个木制剑鞘内，有位好奇心重的考古人员把剑拔了出来，结果不小心划破了手。2000 多年前的剑到现在还这么锋利？一时间震惊了现场的所有人。也因此，这把剑后来被誉为“天下第一剑”。

越王勾践剑体现了春秋时期短兵器制造的高超水平，是青铜兵器中的珍品，对研究越国历史和了解中国古代青铜铸造工艺有着重要的价值。

西施

中国古代四大美女之一

西施，是春秋末期越国的美女，中国古代四大美女之一（另外三个分别是王昭君、貂蝉、杨玉环）。她也是越王勾践灭吴计划中的重要人物之一。

勾践回国后，时刻不忘在吴国做俘虏时所受的屈辱。为了打败吴国，他一方面励精图治，富国强兵，另一方面仍然卑躬屈膝地讨好吴国，向吴国进献大量的珠宝、美女（西施只是其中之一），目的是让夫差沉溺于酒色，不理朝政。而夫差见到天生丽质、能歌善舞的西施（勾践为了麻痹夫差，曾派各种宫廷音乐舞蹈老师指导西施），果然被迷得神魂颠倒，不仅为她大兴土木、荒废政事，还逼死了吴国大夫伍子胥。最终，夫差落得亡国自杀的下场。

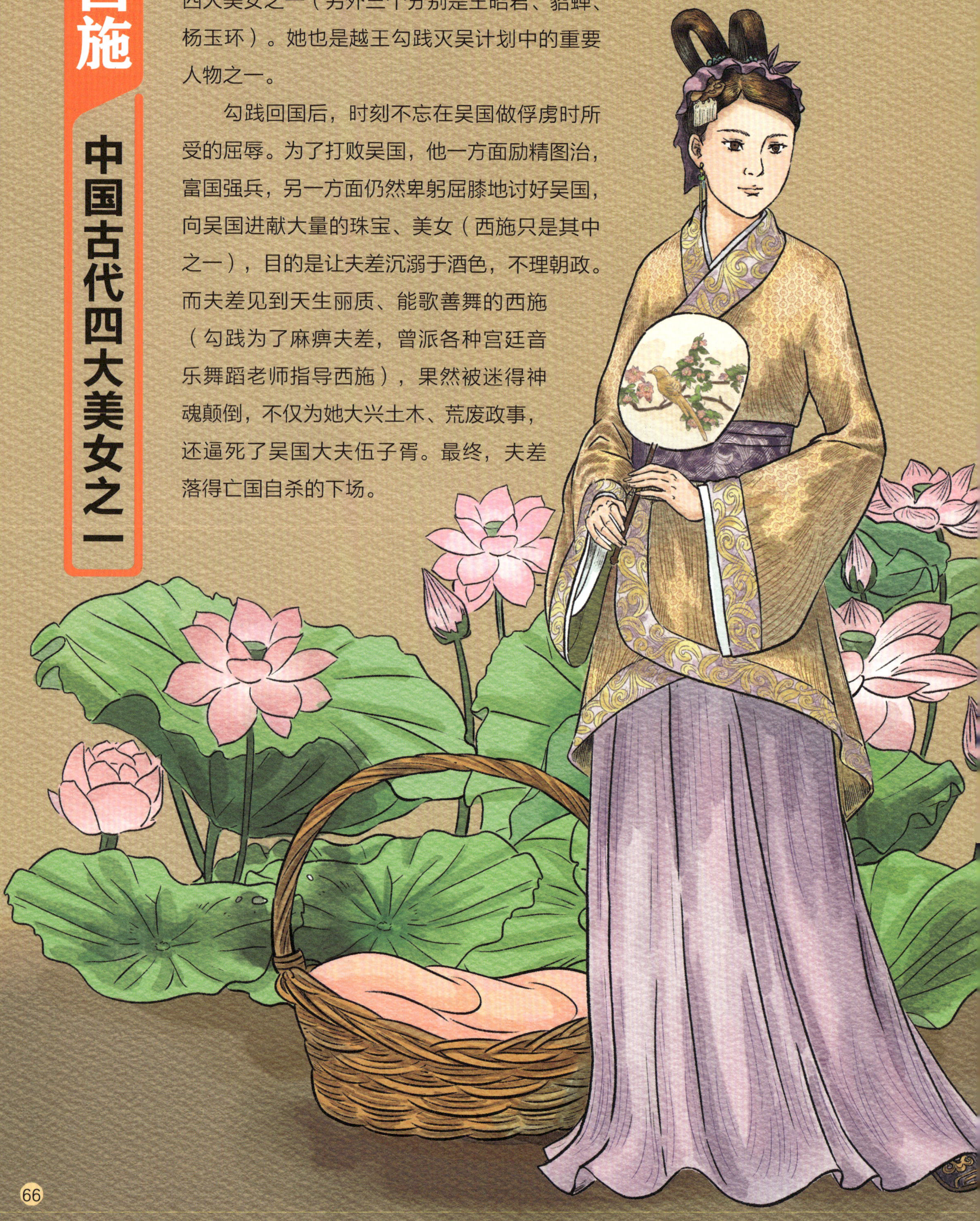

沉鱼

对于西施的美丽，民间有这样的传说：一天，西施在河边洗衣服，水中的鱼儿被她的美丽吸引，看得发呆，竟忘了游泳、沉入水底。于是，后世就用“沉鱼”来形容女子的美貌。

东施效颦（pín）

西施有胸口痛的疾病，病发时常常捂着胸口、皱着眉头。有个叫“东施”的丑女觉得西施这个动作十分动人，便效仿她，结果却引来街坊邻居的厌恶和嘲笑。

鲁班

中国土木工匠的始祖

鲁班，又称公输班、公输子，是战国初期鲁国人，也是中国古代优秀的土木工匠、伟大的发明家，有“中国土木工匠的始祖”“匠圣”等美誉。

相传，木工使用的手锯、曲尺、墨斗、凿子，古代攻城时所使用的云梯，风筝的前身——木鸢（yuān）等都是鲁班发明的。

2000 多年来，鲁班一直受到人们的尊敬和纪念。他的名字如今已成为中国劳动人民勤劳和智慧的象征。中国现在还设有“鲁班奖”呢！

鲁班的发明

墨斗

木匠用来画线的工具。

木鸢（想象图）

《墨子》一书中记载有这样一句话：“公输子削竹木以为鹊，成而飞之，三日不下。”大意是说，鲁班制作的木鸟能乘风飞上高空，三天不降落。

云梯

大约在公元前439年，鲁班来到楚国，帮助楚国制造攻城的云梯，准备攻打宋国，但最后被墨家学派的创始人——墨子阻止了。

鲁班锁

传说鲁班为了测试儿子是否聪明，用几块木头巧妙地嵌合在一起，让儿子拆开。儿子忙碌了一夜，才将其拆开。这种益智玩具，后人称为鲁班锁。

手锯

传说鲁班一次爬山时，手指不小心被一棵小草划破。他仔细观察小草，发现草叶两边全是排列均匀的小齿，于是就模仿该草的样子制成了伐木的锯子。

刨（bào）子

木匠用来推刮木料使其平滑的工具。

扁鹊 中医学的开山鼻祖

传说，黄帝时代有位神医叫扁鹊。他医术高超、医德高尚，走到哪里，哪里的百姓就能幸福安康。后来，人们便把那些医术高超、医德高尚的医生都尊称为扁鹊。

本节内容我们主要讲述战国名医——秦越人的故事。为方便叙述，我们仍然采用“扁鹊”这一尊称。

令“死人”复生

据《史记·扁鹊仓公列传》记载，有一年扁鹊路过虢（guó）国，听说虢国的太子死了（实际上是昏死），已有半日。于是，他赶到宫中，对太子的属官说：“我能让太子死而复生，麻烦您立刻带我去见太子。”太子的属官把话传给了虢国国君。国君听到后，并不相信，抱着“死马当活马医”的心态，命人将扁鹊带到太子的房间，让他给太子治疗。

扁鹊用针扎太子头部（针灸）。没过多久，太子竟真的醒了过来。之后，太子吃了一些扁鹊开的药，调养一段时日，竟然痊愈了！这件事传出去后，人们都说扁鹊有让人起死回生的仙术，纷纷请求他给自己或家人治病。

看一眼就知道是什么病

扁鹊行医，路过齐国。齐桓侯得知，邀请他来宫里一叙。扁鹊入宫后，见齐桓侯的气色不太好，于是……

五天后……

又过了五天……

等到第四次见齐桓侯时，扁鹊只瞥了他一眼就收拾行李离开了！

齐桓侯见扁鹊没理睬自己，派人追去询问原因。

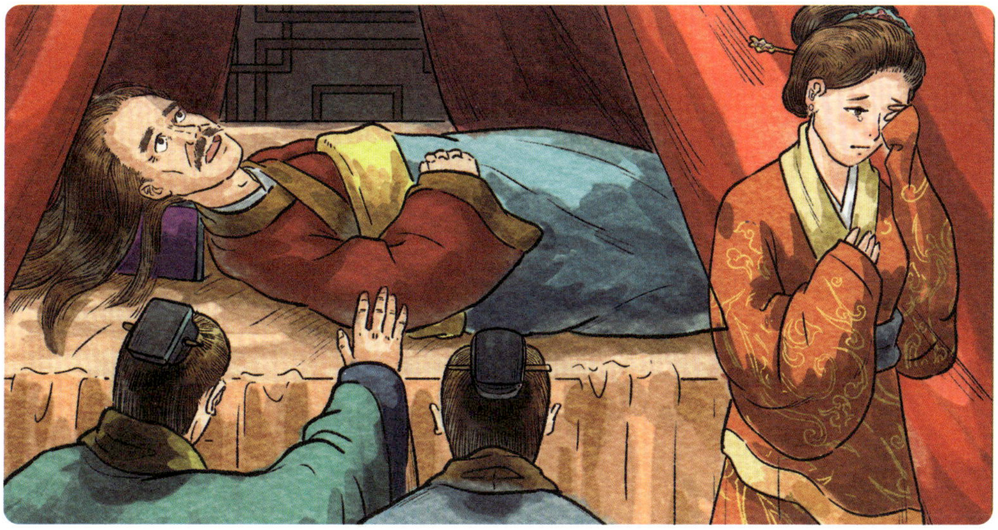

扁鹊走后没多久，齐桓侯果然发病了。由于疾病来势凶猛，又误了治病良机，齐桓侯最终病重而亡。

即通过观察患者的面色、舌苔、表情等来判断患者的身体状况。

即询问患者哪里不舒服？吃过什么？喝过什么？通过患者的描述，找出病因，以便对症下药。

即通过听患者发出的声音和嗅患者身上的气味来判断患者的身体状况。

指通过把脉来深入了解患者的身体状况。

吴起 魏武卒的创建者

吴起，别名吴子，是战国初期著名的军事家、政治家、改革家，也是兵家代表人物、中国最早的特种兵创建者。其所著的《吴起兵法》（又称《吴子兵法》），与《孙子兵法》在中国古代军事典籍中占有同等地位。

爱兵如子

吴起行军打仗，常常和士兵们同吃同住、同甘共苦，而且极为关注士兵们的身心健康。一次，有个士兵身上生了毒疮，疼痛难忍。他得知后，竟然不顾三军统帅的身份，用嘴为士兵吸脓。

创建魏武卒

吴起为魏国效力期间，组建了一支精锐的重甲步兵部队，后世称之为“魏武卒”。

魏武卒的选拔非常严格。据《荀子 · 议兵篇》记载：“魏氏之武卒，以度取之，衣三属之甲，操十二石之弩，负矢五十，置戈其上，冠胄带剑，赢三日之粮，日中而趋百里。”大意是：魏国的武卒，根据一定的标准来录取。标准是，让士兵披上三重甲，戴着头盔，手持戈戟，腰悬宝剑，背着装有五十支箭的箭袋，带上三天的粮食，半天奔走一百里。不仅如此，每个士兵还要能操作拉力高达十二石的弩。

简单来讲，就是每个魏武卒都是精英中的精英，都是能以一当十的存在。

事实也确实如此。公元前 389 年，秦国调集 50 万大军攻打魏国西河郡。吴起率领 5 万魏武卒迎战，竟然把 50 万秦军打得丢盔弃甲、大败而逃。

魏武卒想象图

吴起之死

吴起的一生是十分坎坷的，他曾先后效力于鲁国、魏国和楚国。

公元前 381 年，楚悼王逝世，楚权贵们派出杀手刺杀吴起（吴起在楚国改革期间，触动了很多权贵们的利益，由于楚悼王信任吴起，支持吴起改革，当时的权贵们不敢把吴起怎样。现在楚悼王死了，权贵们也就没有顾忌了）。吴起逃到楚悼王的停尸房，趴在楚悼王的尸体上寻求庇护，但追杀吴起的人还是将其射杀了。

商鞅 大秦“虎狼之师”的缔造者

商鞅，又名公孙鞅、卫鞅，是战国时期著名的政治家、改革家、思想家，法家代表人物。他最卓著的成就就是辅佐秦孝公改革，使秦国迅速强大起来，为日后秦国逐鹿中原、统一六国奠定了基础。

早年经历

商鞅年轻时，喜好刑名之学，受李悝（kuī）、吴起的影响很大，后在魏相公叔痤（cuó）手下做事。公叔痤病重时，曾向魏惠王举荐商鞅：要么重用他，要么杀掉他。但魏惠王因商鞅位卑言轻等原因，既没有重用他，也没有杀掉他，完全把公叔痤的话当耳旁风了。

公叔痤死后，商鞅成了丧家之犬，一时间不知道该何去何从。恰好，这时的秦孝公为了富国强兵，正在大力招募人才。于是，商鞅收拾了一下行李，告别魏相府，来到了秦国。

商鞅通过秦孝公的宠臣景监见到了秦孝公，并向其阐述了三种治国策略——帝道、王道和霸道。秦孝公对霸道感兴趣，于是委任商鞅高官，令其在国内主持变法。

帝道：指上古君主（如尧、舜、禹）治理天下的方式。注重无为而治，顺应自然。

王道：指以仁义统治天下的政策。

霸道：指以武力、刑法等统治天下的政策。注重权力和强制。通常对内严刑峻法，对外武力征服。为达目的，可以不择手段。

徙（xǐ）木立信

商鞅在秦国变法期间，担心百姓不信任他，新法令无法推行，于是想了一个办法：在国都南门竖了一根三丈高的木头，对百姓说："谁能将这根木头搬到北门，就赏给他10镒金子。"围观的百姓认为商鞅在开玩笑，因此无人上前搬木。商鞅见此，把赏金提高到50镒金子。

镒（yì）：古代重量单位，1镒约等于20两，另说24两。

这时，有名男子从人群中走了出来，将木头扛到了北门。商鞅看到，立刻将50镒金子赏给该男子。这件事随后轰动了整个秦国，百姓们都说商鞅是一个信守承诺、言出必行之人。商鞅知道他"徙木立信"的办法起了作用，就把制定的新法令公布了出去。

虎狼之师的诞生

商鞅变法的主要内容有：改革户籍制度，实行什伍连坐法，废除世卿世禄制度，设立二十级军功爵位制等。

以二十级军功爵位制为例。这项制度的实施，打破了秦国固化的社会阶级，使社会底层人有了出人头地的机会。换句话说，不管你是权贵还是奴隶，社会地位的高低全由军功说了算。你立的军功越多，地位就越高；反之，则越低。如果你原本是权贵，长期没有军功，一样会沦为平民，甚至是奴隶。在这样的制度下，秦国人眼里的敌人的头不是头，是身份，是地位，是金钱，是土地，是出人头地的机会，是未来的希望……所以秦国与他国交战时，秦军都是拼了命地杀敌，争抢着杀敌，“虎狼之师”由此诞生。

作法自毙

商鞅在秦国变法期间，得罪了很多贵族、大臣。因此，在秦孝公（商鞅的保护伞）死后，这些贵族、大臣弹劾商鞅，向新即位的秦惠王诬告其谋反。秦惠王知道商鞅是被冤枉的，但考虑到自己刚即位需要立威和稳定的政局等原因，还是下令捉拿他问罪。

商鞅闻风，逃到边关，打算在一家客栈住下，但是他没有携带能证明自己身份的文件，客栈主人不知道他是商鞅，不让他留宿，说：“按照商君（指商鞅）之法，留宿没有证件的客人，店主人是要被问罪的。”商鞅听了，仰天长叹道：“没想到我自己制定的法律竟然把我害到如此地步！”不得已，商鞅另寻栖身之地。

公元前 338 年，在彤地，商鞅被秦兵捉住。为了平息国民之怒，秦惠王对其处以车裂之刑（俗称“五马分尸”）。为秦国立下大功的商鞅就这样结束了他的一生。

老子 中国哲学之父

老子，姓李，名耳，字聃（dān），是春秋末期楚国人，中国古代伟大的哲学家、思想家，也是道家学派创始人。传说，他刚生下来就是白眉毛、白胡子，所以被称为“老子”。

老子曾在周都洛邑担任藏室史（相当于国家图书馆馆长），后由于天下大乱、社会道德败坏等原因，弃官归隐，不知所终。

在道教中，他被认为是太上老君的第十八个化身。

在唐朝，他被追认为李姓始祖。

老子哲学与古希腊哲学一起构成了人类哲学的两个源头。老子也因其深邃的哲学思想被尊为“中国哲学之父”。

老子著有《道德经》（亦称《老子》《五千言》）一书，也有人认为该书是后人根据其言行和思想整编而成。

现在的《道德经》，分“道”和“德”两部分。“道”部分，又称《道经》，讲述了宇宙的根本、天地万物变化的玄机；“德”部分，又称《德经》，讲述处世的方略、人事的进退之术。

据联合国教科文组织统计，《道德经》是除《圣经》以外被译成外国文字最多的中国文化名著。

有着“至圣先师”美誉的孔子曾专程从鲁国来到周都洛邑，向老子询问古代礼制问题。老子见孔子态度诚恳，对其抒发了自己的见解。

孔子回去后，对自己的学生说：“鸟，我知道它会飞；鱼，我知道它会游；兽，我知道它会跑。陆地上跑的，可以用网去捉；水中游的，可以用钩去钓；天上飞的，可以用箭去射。至于龙，我就不知道能对它怎样了。我今天见到了老子，这个人简直就是一条龙。”

孔子如此高度地赞扬老子，可见老子的博学深不可测。

孟母 中国古代四大贤母之一

孟母，这里指孟子的母亲。因其教子有方，被誉为“中国古代四大贤母之一”（另外三位分别是东晋名将陶侃的母亲，北宋政治家欧阳修的母亲和南宋抗金名将岳飞的母亲）。

孟母三迁

孟子小时候，居住的地方离墓地很近。由于经常有人去墓地祭祀先人，小孟子觉得好玩，就学人家，玩祭祀的游戏。

孟母觉得这里对孟子的成长不利，就搬家了。

没想到，新家离菜市场很近，小孟子又学会了买卖的游戏。孟母觉得这个地方对孟子的成长也不利，就又搬家了。

这次，孟母把家搬到了学宫附近。

学宫内，书声琅琅，一派文雅气氛。孟子观看里面的学生读书、跟随老师学习礼数，回到家里也模仿起来。孟母看到后，终于露出了满意的笑容。

断织喻学

据说，孟子进入学堂读书后，起初对学习很感兴趣，但时间长了，又厌烦了，经常逃学。孟母知道后，拿起剪刀把织布机上的丝线割断，生气地对孟子说：“学习就跟织布一样，布断了，就接不起来了，也无法成为有用之材；学习断了，就永远学不到真本领，你也无法成为可用之才。”母亲的教诲在孟子幼小的心灵中留下深刻的印象，从此他专心学习，最终成为著名的儒学大师。